LOI DU 24 JUILLET 1909

MODIFIÉE PAR LA LOI DU 15 AVRIL 1914

RELATIVE A LA CONSTITUTION

DES CADRES & DES EFFECTIFS

DE L'ARMÉE ACTIVE ET DE L'ARMÉE TERRITORIALE

EN CE QUI CONCERNE

L'ARTILLERIE

Suivie des Instructions du 16 avril et du 8 juin 1914 pour son application

PARIS

Henri CHARLES-LAVAUZELLE

Éditeur militaire

124, Boulevard Saint-Germain, 124

—

MÊME MAISON A LIMOGES

LOI DU 24 JUILLET 1909

(Modifiée par la loi du 15 avril 1914)

RELATIVE A LA

CONSTITUTION DES CADRES ET DES EFFECTIFS

DE L'ARMÉE ACTIVE ET DE L'ARMÉE TERRITORIALE

EN CE QUI CONCERNE L'ARTILLERIE

Le Sénat et la Chambre des députés ont adopté,

Le Président de la République promulgue la loi dont la teneur suit :

Art. 1er. Les troupes d'artillerie comprennent :

9 régiments d'artillerie à pied stationnés en France;
5 régiments d'artillerie lourde stationnés en France;
62 régiments d'artillerie de campagne stationnés en France;
2 régiments d'artillerie de montagne stationnés en France;
10 groupes autonomes d'artillerie, dont 2 à pied et 8 de campagne et de montagne, stationnés dans l'Afrique du Nord.

Des régiments d'artillerie à pied peuvent être transformés en régiments d'artillerie lourde par décret rendu sur la proposition des Ministres de la guerre et des finances.

Les régiments et les groupes autonomes comprennent des batteries, et, s'il y a lieu, des sections et des compagnies d'ouvriers d'artillerie.

La composition des cadres de ces corps de troupe, sur le pied de paix, leurs effectifs normaux en simples soldats, le nombre total et la nature des batteries, compagnies et sections d'ouvriers et le cadre de l'état-major particulier de l'artillerie sont fixés par les tableaux nᵒˢ 1, 1 *bis*, 1 *ter*, 1 *quater*, 2, 2 *bis*, 2 *quater*, 3, 4, annexés à la présente loi (1).

---

(1) Ces tableaux ont été abrogés et remplacés par ceux ci-après de la loi du 15 avril 1914.

Loi cadres artill.   1

Le nombre de pièces des batteries montées de 75 sera porté à 144 par corps d'armée au fur et à mesure des ressources en hommes et des crédits votés par le Parlement.

Art. 2. L'organisation de l'artillerie, telle qu'elle résulte de l'article 1er ci-dessus, devra être terminée dans un délai de deux ans à partir de la promulgation de la présente loi. Les musiques d'artillerie seront maintenues pendant ce délai de deux ans en vue de permettre l'étude d'une organisation nouvelle.

Art. 3. Les dépenses à engager pour la création des cadres, la constitution des ressources en chevaux et en matériel de toute nature seront fixées par les lois de finances.

Art. 4. Sont abrogées toutes les dispositions des lois, décrets et règlements antérieurs et contraires à la présente loi.

La présente loi, délibérée et adoptée par le Sénat et par la Chambre des Députés, sera exécutée comme loi de l'Etat.

Fait à Paris, le 24 juillet 1909.

Dispositions de la loi du 15 avril 1914 applicables aux corps de toutes armes.

Art. 17. Les compagnies, escadrons et batteries pourront comprendre des aspirants en nombre variable, suivant les besoins du service et les ressources du recrutement. Les aspirants comptent comme hommes de troupe dans l'effectif total des unités, tel qu'il est fixé par les lois des cadres et des effectifs; ils sont en surplus du nombre des sous-officiers attribué par ces lois aux diverses unités.

Art. 18. Le nombre des sous-officiers de chaque corps de troupes de l'armée métropolitaine restés sous les drapeaux au delà de la durée légale du service, en vertu d'un rengagement, est fixé aux deux tiers de l'effectif total des militaires de ce grade.

Toutefois, ce nombre pourra être porté aux trois quarts de cet effectif total, par la nomination au grade de sous-officiers, de caporaux ou brigadiers rengagés. Les sous-officiers ainsi promus recevront la solde afférente à leur emploi, mais continueront de n'avoir droit qu'aux avantages pécuniaires et aux emplois réservés attribués aux caporaux ou brigadiers rengagés. La moitié des vacances de sous-officiers rengagés leur sera réservée.

Le nombre des brigadiers rengagés est fixé à la moitié de l'effectif total dans la cavalerie, l'artillerie à cheval des divisions de cavalerie et les groupes autonomes d'artillerie de campagne d'Afrique; celui des caporaux et brigadiers rengagés est fixé au quart de l'effectif total dans les autres armes.

Pour l'arme de la cavalerie, ne seront pas compris dans les deux tiers des rengagés les sous-officiers du peloton hors rang.

Dans le régiment de sapeurs-pompiers de Paris, les régiments de tirailleurs indigènes, les régiments étrangers, les bataillons d'infanterie légère d'Afrique, les régiments de spahis, le nombre des sous-officiers rengagés peut atteindre la totalité de l'effectif.

Toute disposition contraire est abrogée.

TABLEAUX ANNEXES.

TABLEAU N° 1. — *Composition d'un régiment d'artillerie à pied.*

CADRES.	HOMMES.	CHEVAUX	OBSERVATIONS.
Officiers.			(1) Les officiers supérieurs des régiments d'artillerie à pied assurent le service des directions d'artillerie des places où ces régiments sont en garnison. La composition des états-majors des régiments peut être modifiée suivant les besoins variables des places, par décret rendu sur la proposition des Ministres de la guerre et des finances.
Etat-major.			
Colonel (1).	1 ⎫	2	
Lieutenant-colonel (1).	1 ⎬ 4	2	
Chefs d'escadron (1).	2 ⎭	2	
Capitaine-major.	1 ⎫	1	
Capitaines adjudants-majors.	2 ⎪	2	
Capitaines adjoints au service du parc.	2 ⎬ 7	2	(1 *bis*). Destiné à remplacer, dans leur service régimentaire, les officiers détachés.
Capitaine chargé de la mobilisation.	1 ⎪	1	
Capitaine chargé de l'organisation du tir.	1 ⎭	1	
Lieutenant trésorier.	1 ⎫ 2	»	
Lieutenant chargé du matériel.	1 ⎭	»	(2) Le nombre des médecins affectés au corps en temps de paix est fixé, par décision ministérielle, d'après une répartition faite sur l'ensemble du service.
Lieutenant ou sous-lieutenant complémentaire (1 *bis*).	1	1	
Médecins (pour mémoire) (2).	»	»	
TOTAL.	14	14	(3) 1 par groupe destiné à suppléer dans leur service régimentaire les officiers détachés.
Troupe.			
Peloton hors rang.			
Adjudants-chefs supplémentaires (3).	»	»	
Adjudant maître armurier.	1	»	

	Emploi	Nombre		
	Adjudant de casernement et d'armement............	1	} 2	»
	Adjudant adjoint au trésorier....................	1		»
	Maréchal des logis chef artificier (4)............	1		»
	Maître d'escrime (adjudant ou maréchal des logis).....	1		»
Maréchaux des logis.	Fourrier (5)...........................	1		»
	Secrétaire du colonel (6)..................	1		»
	Secrétaire du major (6)...................	1		»
	Secrétaire du trésorier (6).................	1	} 8	»
	Secrétaire du lieutenant chargé du matériel (6).......	1		»
	Secrétaire de la commission des ordinaires.	1		»
	Garde-magasin....................	1		»
Brigadiers..	Chargé de l'infirmerie des hommes (6)......	1		»
	Trompette (7).....................	1		»
	Armurier (8)......................	1		»
	Moniteur d'escrime..................	1	} 5	»
	Maître tailleur (9)..................	1		»
	Maître bottier (9)..................	1		»
	Ouvriers tailleurs (10)................	1		»
	Ouvriers cordonniers (10)..............	1		»
	Ouvriers armuriers..................	2		»
	Secrétaire du colonel (10)..............	1		»
Canonniers.	Secrétaire du major (10)...............	2	} 11	»
	Secrétaire de l'officier chargé du matériel (10).......	1		»
	Secrétaires du trésorier (10)..............	2		»
	Secrétaire de l'adjudant d'armement (10)....	1		»
	Total (12).....................	(11) 29		»

Notes :

(4) Peut être nommé adjudant après quatre ans de grade de maréchal des logis chef.

(5) Peut être nommé maréchal des logis chef après quatre ans de grade de sous-officier.

(6) Peut être nommé maréchal des logis chef après quatre ans de grade de sous-officier et adjudant après six ans passés dans l'emploi de maréchal des logis chef.

(7) Les brigadiers trompettes rengagés peuvent être nommés maréchaux des logis.

(8) Peut être maréchal des logis (proportion à fixer par le Ministre).

(9) Peut recevoir l'assimilation au grade de sous-officier avec rang de maréchal des logis lorsqu'il a accompli comme brigadier le temps de service exigé par la loi.

(10) Emplois pouvant être dévolus à des hommes du service auxiliaire suivant les ressources du recrutement.

(11) Certains régiments désignés par le Ministre peuvent, en raison de l'importance des approvisionnements en effets d'habillement qu'ils ont à gérer, être dotés d'un adjudant supplémentaire adjoint à l'officier chargé du matériel.

Certains régiments désignés par le Ministre peuvent recevoir en sus de leur effectif normal, pour les services des sections d'artillerie automobile, le personnel suivant : 1 lieutenant ou sous-lieutenant, 1 adjudant ou adjudant-chef, 3 maréchaux des logis (dont 1 maréchal des logis mécanicien), 2 brigadiers et 32 canonniers.

(12) Les régiments d'artillerie à pied des grandes places peuvent être dotés en outre d'un ou de deux groupes d'attelages à l'effectif suivant : 1 adjudant ; 4 maréchaux des logis ; 4 brigadiers, 38 conducteurs ; 60 chevaux d'attelage et 5 de selle ;

D'un brigadier maréchal abonnataire chargé de la ferrure de tous les animaux comptant à l'effectif du corps.

Nota. — Dans les régiments répartis en deux fractions commandées respectivement par le colonel et le lieutenant-colonel du régiment, il peut être pourvu, d'après les ordres du Ministre, aux emplois suivants : 1 lieutenant chargé des détails, 1 maréchal des logis, 1 brigadier et 1 canonnier secrétaires.

Tableau nº 1 bis. — Batterie à pied.

CADRES.	BATTERIES			OBSERVATIONS.
	de France.	renforcées.	d'Afrique.	
Officiers.				(1) Des renforcements spéciaux peuvent être accordés, suivant les ressources du recrutement, aux batteries désignées par le Ministre.
Capitaine commandant.	1	1	1	
Lieutenants ou sous-lieutenants	2	2	2	(2) Chaque batterie peut recevoir, en sus de cet effectif, des hommes du service auxiliaire en nombre variable, suivant les ressources du recrutement.
Total	3	3	3	
Troupe.				(3) L'effectif de chaque batterie comporte un certain nombre d'indigènes qui ne doit pas dépasser le chiffre de 80. Un maréchal des logis indigène remplace un maréchal des logis français par groupe de 20 soldats indigènes. Un brigadier indigène remplace un brigadier français par groupe de 20 indigènes.
Adjudant.	1	1	1	
Maréchal des logis chef	1	1	1	
Maréchaux des logis (dont 1 mécanicien, 1 électricien, 1 artificier)	8	10	12	
Maréchal des logis fourrier	1	1	1	
Brigadiers (dont 1 faisant fonctions de fourrier)	8	10	11	
Maîtres pointeurs	6	8	10	
Maîtres ouvriers en fer	1	2	2	
Ouvriers en fer et en bois	4	6	10	
Trompettes.	2	2	2	
Total des hommes du cadre	32	41	50	
Canonniers dont un cinquième de 1re classe (1)	88	119	(3) 150	
Total des hommes du cadre et des soldats (2)	120	160	200	
Chevaux d'officiers.	3	3	3	
Chaque batterie compte dans le rang : 1 ouvrier tailleur et 1 ouvrier cordonnier.				

Tableau Nº 1 ter. — *Composition d'un groupe d'artillerie à pied d'Afrique.*

CADRES.	HOMMES	CHEVAUX	OBSERVATIONS.
Officiers.			
Chef d'escadron commandant	1	2	(1) Le nombre des médecins affectés aux corps, en temps de paix, est fixé par décision ministérielle d'après une répartition faite sur l'ensemble du service.
Capitaine-major	1 ⎱ 2	1	(2) Destiné à remplacer un lieutenant détaché.
Capitaine adjudant-major	1 ⎰	1	
Lieutenant trésorier	1 ⎱ 2	»	(3) Peut être nommé adjudant après quatre ans de grade de maréchal des logis chef.
Lieutenant chargé du matériel	1 ⎰	»	
Médecins (pour mémoire) (1)	»	»	(4) Peut être nommé maréchal des logis chef après quatre ans de grade de sous-officier.
Total	5	4	
Troupe.			(5) Peut être nommé maréchal des logis chef après quatre ans de grade de sous-officier et adjudant après six ans passés dans l'emploi de maréchal des logis chef.
Adjudant-chef supplémentaire (2)	1	»	
Adjudant de casernement et d'armement	1	»	
Adjudant maître armurier	1	»	
Maréchal des logis chef artificier (3)	1	»	(6) Peut être maréchal des logis.
Maréchaux des logis. { Fourrier (4)	1	»	
Secrétaire du chef d'escadron (5)	1	»	(7) Les brigadiers trompettes rengagés peuvent être nommés maréchaux des logis.
Secrétaire du trésorier (5)	1	»	
Garde-magasin et secrétaire de l'officier chargé du matériel (5)	⎰ 6	»	(8) Peut être remplacé par un maréchal des logis armurier (proportion à déterminer par le Ministre).
Secrétaire de la commission des ordinaires	1	»	
Chargé de l'infirmerie des hommes (5)	1	»	
Brigadiers.. { Secrétaire du major (6)	1	»	(9) Peut recevoir l'assimilation au grade de sous-officier, avec rang de maréchal des logis, lorsqu'il a accompli comme brigadier le temps de service exigé par la loi.
Moniteur d'escrime (6)	1	»	
Trompette (7)	1 ⎱ 6	»	
Armurier (8)	1	»	
Maître tailleur (9)	1	»	(10) Emplois pouvant être dévolus à des hommes du service auxiliaire suivant les ressources du recrutement.
Maître bottier (9)	1 ⎰	»	
Canonniers. { Ouvrier bottier (10)	1	»	
Ouvrier tailleur (10)	1	»	
Ouvrier armurier	1	»	
Secrétaire du chef d'escadron (10)	1 ⎱ 8	»	
Secrétaire du major (10)	1	»	
Secrétaire du trésorier (10)	1	»	
Secrétaire de l'officier chargé du matériel (10)	1 ⎰	»	
Secrétaire de l'adjudant d'armement (10)	1	»	
Total	24	»	

TABLEAU Nº 1 *quater*. — *Compagnies et sections d'ouvriers* (1).

CADRES.	HOMMES	CHEVAUX	OBSERVATIONS.
Officiers.			(1) Les régiments et groupes d'artillerie à pied comprennent des compagnies et sections d'ouvriers des différents types A, B, C, employés au service des places. Les régiments de campagne, d'artillerie lourde et de montagne comprennent chacun une section d'ouvriers du type D.
Capitaine commandant.	1	1	
Lieutenants ou sous-lieutenants	2	2	
TOTAL	3	3	(2) Les trompettes sont en même temps, l'un ouvrier tailleur, l'autre ouvrier cordonnier.
Troupe.			(3) Un certain nombre des ouvriers des compagnies et des sections peuvent être des hommes du service auxiliaire.
Adjudant.	1	»	
Maréchal des logis chef comptable	1	»	
Maréchal des logis chef ouvrier	1	»	
Maréchaux des logis	12	»	
Maréchal des logis fourrier	1	»	
Brigadiers (dont 1 faisant fonction de fourrier)	10	»	
Maîtres ouvriers	20	»	
Trompettes (2).	2	»	
TOTAL des hommes du cadre	48	»	
Ouvriers (3) dont 1/5 de Irᵉ classe	152	»	
TOTAL des hommes	200	»	
Chevaux d'officiers.	•	3	

SECTIONS D'OUVRIERS DES DIFFÉRENTS TYPES (1).	TYPE				OBSERVATIONS.
	A	B	C	D	
Maréchaux des logis chefs ouvriers (2).....	1	1	1	»	(1) Les sections d'ouvriers sont rattachées pour l'administration au peloton hors rang des corps de troupes auxquelles elles comptent.
Maréchaux des logis........................	6	3	2	1	(2) Les maréchaux des logis chefs ouvriers, des sections A, B, C, D, pourront être nommés adjudants après quatre ans de grade de maréchal des logis chef.
Brigadiers.................................	4	2	2	1	
Maîtres ouvriers...........................	13	6	4	2	
Ouvriers..................................	108	54	35	13	
Total.....................	132	66	44	17	

TABLEAU Nº 2. — *Composition d'un régiment d'artillerie de campagne et d'un régiment d'artillerie lourde.*

CADRES.	HOMMES.	CHEVAUX	OBSERVATIONS.
Officiers.			
Etat-major.			
Colonel commandant. . .	1 ⎫	2	(1) Dans les régiments à 9 batteries; dans les autres régiments, le nombre des chefs d'escadron (major non compris) est égal au nombre des groupes plus un.
Lieutenant-colonel. . . .	1 ⎪ 7	2	
Chefs d'escadron (1)	4 ⎪	8	
Chef d'escadron-major.	1 ⎭	1	
Capitaine instructeur d'équitation	1	1	(1 *bis*) Destiné à remplacer dans leur service régimentaire les officiers détachés.
Capitaines adjudants-majors. . . .	2	2	
Capitaine directeur du parc.	1 ⎫	1	(2) Le nombre des médecins et des vétérinaires affectés au corps en temps de paix est fixé par décision ministérielle, d'après une répartition faite sur l'ensemble des officiers de ces services.
Capitaine chargé de la mobilisation.	1 ⎪	1	
Capitaine trésorier. . . .	1 ⎬ 8	»	
Capitaine chargé du matériel	1 ⎪	»	
Lieutenant ou sous-lieutenant complémentaire (1 *bis*)	1 ⎪	1	(3) 1 par groupe, destiné à suppléer dans leur service régimentaire les officiers détachés.
Médecins et vétérinaires (pour mémoire) (2)	» ⎭	»	
TOTAL	15	19	(4) Peut être nommé adjudant après quatre ans de grade de maréchal des logis chef.
			(5) Peut être maréchal des logis, puis maréchal des logis chef et adjudant.
Troupe.			(6) Peut être nommé maréchal des logis chef après quatre ans de grade de sous-officier.
Peloton hors rang.			
Adjudants-chefs supplémentaires (3)	» ⎫	»	(7) Peut être nommé maréchal des logis chef après quatre ans de grade de sous-officier et adjudant après six ans passés dans l'emploi de maréchal des logis chef.
Adjudant de casernement	1 ⎪	1	
Adjudant adjoint au capitaine trésorier	1 ⎪	»	
Adjudant chargé de l'armement et du harnachement	1 ⎬	»	
Adjudant premier maître maréchal ferrant chargé de l'infirmerie des chevaux et de la maréchalerie	1 ⎪ 8	»	(8) Dans certains régiments, le maréchal des logis armurier peut être remplacé par un brigadier armurier.
Adjudant maître armurier	1 ⎭	»	

Maître d'escrime (adjudant ou maréchal des logis)......		1	»
Maréchal des logis chef-mécanicien (4)................		1	»
Trompette-major (5)...		1	1
Maréchaux des logis.	Fourrier (6)...	1	»
	Secrétaire du colonel (7)................	1	»
	Secrétaire du major (7).................	1	»
	Secrétaire du trésorier (7).............	1	»
	Secrétaire de l'officier chargé du matériel (7)...	1 } 9	»
	Secrétaire de la commission des ordinaires.	1	»
	Garde-magasin (7)................	1	»
	Armurier (8), ...	1	»
	Chargé de l'infirmerie des hommes (7)......	1	»
Brigadiers..	Secrétaire du capitaine trésorier...........	1	»
	Secrétaire de l'officier chargé du matériel..	1	»
	Trompette................	1	1
	Moniteur d'escrime................	1 } 8	»
	Maître tailleur (9)................	1	»
	Maître bottier (9)................	1	»
	Maître sellier (10)................	2	»
Canonniers.	Ouvrier sellier (11)................	1	»
	Ouvrier bottier (11)................	1	»
	Ouvrier tailleur (11)................	1	»
	Ouvriers armuriers.	2	»
	Attaché à l'infirmerie des chevaux (11).....	1	»
	Secrétaire du colonel (11)................	1 } 14	»
	Secrétaires du major (11)................	2	»
	Secrétaires du trésorier (11)................	2	»
	Secrétaires de l'officier chargé du matériel (11). ...	2	»
	Secrétaire de l'adjudant d'armement (11)....	1	»
Total (12)........................		**39**	**3**

(9) Peut recevoir l'assimilation au grade de sous-officier avec rang de maréchal des logis lorsqu'il a accompli, comme brigadier, le temps de service exigé par la loi.

(10) L'un des deux brigadiers maîtres selliers peut recevoir l'assimilation au grade de sous-officier, avec rang de maréchal des logis lorsqu'il a accompli comme brigadier le temps de service exigé par la loi.

(11) Emplois pouvant être dévolus à des hommes du service auxiliaire suivant les ressources du recrutement.

(12) Certains régiments désignés par le Ministre pourront, en raison des détachements spéciaux qu'ils ont à entretenir en temps de paix ou des services particuliers qu'ils doivent assurer en dehors de leur service propre, être dotés d'un adjudant en surnombre de leur cadre normal en sous-officiers.

Certains régiments désignés par le Ministre peuvent recevoir en sus de leur effectif normal :

1° Pour le service des canons automobiles, une ou plusieurs sections à l'effectif de :

1 lieutenant ou sous-lieutenant, 1 adjudant-chef, 3 maréchaux des logis (dont 1 mécanicien), 2 brigadiers et 32 canonniers;

2° Le personnel d'une ou plusieurs escadrilles légères d'avions d'artillerie.

Nota. — Dans les régiments répartis en deux fractions commandées respectivement par le colonel et le lieutenant-colonel du régiment, il peut être pourvu, d'après les ordres donnés par le Ministre, aux emplois suivants : 1 lieutenant chargé des détails; 1 maréchal des logis secrétaire; 1 brigadier secrétaire; 1 canonnier secrétaire.

Tableau nº **2** bis. — *Composition d'un régiment d'artillerie de montagne.*

CADRES.	HOMMES	CHEVAUX	OBSERVATIONS.
Officiers.			
Etat-major.			
Lieutenant-colonel commandant.	1 ⎫	2	
Chefs d'escadrons.	3 ⎬ 5	6	
Chef d'escadron-major.	1 ⎭	1	
Capitaines adjudants-majors.	2	2	
Capitaine directeur du parc et chargé de la mobilisation.	1	1	
Capitaine trésorier.	1	»	
Capitaine chargé du matériel.	1	»	(1) Le nombre des médecins et des vétérinaires est fixé par décision ministérielle.
Lieutenant ou sous-lieutenant complémentaire (1 bis).	1	1	
Médecins et vétérinaires (pour mémoire) (1).	»	»	
Total.	11	13	(1 bis) Destiné à suppléer, dans leur service régimentaire, les officiers détachés.
Troupe.			
Peloton hors rang.			
Adjudants-chefs supplémentaires (2).	»	»	(2) 1 par groupe, destiné à suppléer dans leur service régimentaire les officiers détachés.
Adjudant adjoint au capitaine trésorier.	1	»	
Adjudant de casernement et d'armement.	1 ⎱ 3	1	
Adjudant maître maréchal chargé de l'infirmerie des chevaux et de la maréchalerie.	1	»	
Adjudant maître armurier.	1	»	(3) Peut être nommé adjudant après quatre ans de grade de maréchal des logis chef.
Maréchal des logis chef mécanicien (3).	1	»	

Maréchaux des logis.	Fourrier (4)	1		»
	Secrétaire du lieutenant-colonel (5)	1		»
	Secrétaire du major (5)	1		»
	Secrétaire du trésorier (5)	1	8	»
	Secrétaire du capitaine chargé du matériel (5)	1		»
	Secrétaire de la commission des ordinaires	1		»
	Garde-magasin	1		»
	Chargé de l'infirmerie des hommes (5)	1		»
Brigadiers.	Secrétaire du capitaine trésorier	1		»
	Secrétaire du capitaine chargé du matériel	1		»
	Trompette (6)	1		1
	Moniteur d'escrime	1	9	»
	Armurier (7)	1		»
	Maître tailleur (8)	1		»
	Maître cordonnier (8)	1		»
	Maîtres selliers (9)	2		»
Canonniers.	Ouvrier sellier (10)	1		»
	Ouvrier bottier (10)	1		»
	Ouvrier tailleur (10)	1		»
	Ouvriers armuriers	2		»
	Attaché à l'infirmerie des chevaux (10)	1		»
	Secrétaire du lieutenant-colonel (10)	1	14	»
	Secrétaires du major (10)	2		»
	Secrétaires du trésorier (10)	2		»
	Secrétaires de l'officier chargé du matériel (10)	2		»
	Secrétaire de l'adjudant d'armement (10)	1		»
	Total (11)	**37**		**2**

(4) Peut être nommé maréchal des logis chef après quatre ans de grade de sous-officier.

(5) Peut être nommé maréchal des logis chef après quatre ans de grade de sous-officier et adjudant après six ans passés dans l'emploi de maréchal des logis chef.

(6) Les brigadiers trompettes rengagés peuvent être nommés maréchaux des logis.

(7) Le brigadier armurier peut être remplacé par un maréchal des logis armurier.

(8) Peut recevoir l'assimilation au grade de sous-officier, avec rang de maréchal des logis, lorsqu'il a accompli comme brigadier le temps de service exigé par la loi.

(9) L'un des deux brigadiers selliers peut recevoir l'assimilation au grade de sous-officier avec rang de maréchal des logis lorsqu'il a accompli comme brigadier le temps de service exigé par la loi.

(10) Emplois pouvant être dévolus à des hommes du service auxiliaire, suivant les ressources du recrutement.

(11) Le 2ᵉ régiment de montagne comprend, en vue du commandement du détachement monté de la Corse, un adjudant en surnombre.

Tableau Nº 2 *ter*. — *Batteries de campagne à 4 pièces et batteries de montagne.*

CADRES.	montées de 75.			montées de 155 c. t. r. et d'artillerie lourde (a).	de montagne.		à cheval.
	France.	Renforcée.	Afrique (10).		France (Corse comprise).	Afrique (10).	
Officiers.							
Capitaine commandant........	1	1	1	1	1	1	1
Lieutenant ou sous-lieutenant (1)........	2 (2)	2 (2)	2	2	2	3	2
Total......	3	3	3	3	3	4	3
Troupe.							
Adjudant........	1 (2)	1 (2)	1	1	1	1	1
Maréchal des logis chef........	1	1	1	1	1	1	1
Maréchaux des logis (dont un maréchal des logis mécanicien)......	8	10	8	8	8	10	10
Maréchal des logis fourrier........	1	1	1	1	1	1	1
Maréchal des logis maréchal ferrrant (5)......	1/3	1/3	1/3	1/3	»	»	1/3
Brigadiers (dont un faisant les fonctions de fourrier)...	7	8	7	7	8	10	9
Brigadier maréchal ferrant........	2/3	2/3	2/3	2/3	1	1	2/3
Maîtres pointeurs........	6	6	6	6	6	6	6
Maître ouvrier en ᶠᵉʳ........	1	1	1	1	1	1	1
Ouvriers mécaniciens........	1	2	2	2	2	2	2
Bourreliers........	2	2	2	2	2	3	2
Aides-maréchaux........	1	2	2	1	2	2	2
Trompettes........	2	2	2	2	2	3	3
Total des hommes du cadre........	32	37	34	33	35	41	39

Cannoniers (dont 1/5e de 1re classe)	78	103	91	77	105	139	136
Total des hommes du cadre et des soldats (6)	110	140	125 (7)	110	140	180 (7)	175
Chevaux d'officiers (8)	4	4	4	4	4	5	4
Chevaux de troupe..... { de selle (8)	23	26	21	23	8	16	75
{ d'attelage	62	84	90	62	6	»	100
Mulets	»	»	»	»	86	104	»
Total des chevaux et mulets	89	114	115 (9)	89	104	125 (9)	179

Chaque batterie compte dans le rang......................
{ 1 canonnier ouvrier bottier.
{ 1 canonnier ouvrier tailleur.
{ 1 canonnier élève bourrelier.
{ 1 canonnier élève maréchal ferrant.

Nota. — Le personnel des escadrilles légères d'avions d'artillerie compté en surnombre dans les régiments auxquels il est rattaché.

(a) Les chevaux d'un certain nombre de batteries désignées par le Ministre pourront être remplacés par des tracteurs automobiles. Ces batteries seront organisées sur le type de la batterie à pied non renforcée et portées à l'effectif de 120 hommes.

Les régiments où cette transformation aura été opérée pourront être dotés d'un ou deux groupes d'attelage ayant la composition indiquée au renvoi 12 du tableau I (régiment d'artillerie à pied).

(1) Il existe, en outre, dans chaque groupe à cheval, dans chaque groupe de 155 C. T. R., dans chaque groupe d'artillerie lourde détaché, dans chaque groupe monté détaché et dans chaque groupe monté d'Afrique, 1 lieutenant adjoint au chef d'escadron commandant le groupe ; cet officier, ainsi que son cheval sont ajoutés à l'effectif d'une des batteries du groupe.

(2) Dans chaque groupe monté de 75 en France, le 2e lieutenant d'une des batteries est remplacé par un adjudant-chef. Cette batterie compte un adjudant-chef de plus, un cheval d'officier de moins et un cheval de selle de plus. Son effectif total (troupe) est porté à 111 ou 141.

Dans chaque groupe à cheval et dans chaque groupe monté détaché, il existe en outre un adjudant-chef adjoint au commandant de groupe ; cet adjudant-chef ainsi que son cheval sont ajoutés à l'une des batteries du groupe.

(5) Dans chaque groupe monté ou à cheval et d'artillerie lourde, une des batteries a un maréchal des logis maréchal ferrant, les autres batteries ont 1 brigadier maréchal ferrant. Dans chaque régiment de montagne deux des batteries ont 1 maréchal des logis maréchal ferrant et les autres 1 brigadier maréchal ferrant.

(6) Chaque batterie peut recevoir en sus de l'effectif désigné ci-contre des hommes du service auxiliaire en nombre variable suivant les ressources du recrutement.

(7) L'effectif de chaque batterie peut comporter un certain nombre de soldats indigènes qui ne dépassera pas 25 dans la batterie montée et 50 dans la batterie de montagne. 1 maréchal des logis et 1 brigadier indigènes remplacent 1 maréchal des logis et 1 brigadier français par groupe de 20 soldats indigènes. En outre l'effectif des batteries stationnées au Maroc peut, suivant les besoins, recevoir un certain renforcement.

(8) Non compris dans certaines batteries (v. renvois nos 1 et 2) le cheval du lieutenant ou de l'adjudant-chef adjoints au chef d'escadron.

(9) Les batteries stationnées au Maroc peuvent suivant les besoins, recevoir un renforcement en animaux de troupe.

(10) Dans les groupes d'artillerie de campagne d'Afrique, la moitié des brigadiers peuvent être rengagés.

TABLEAU Nº 2 *quater*. — *Composition d'un groupe d'artillerie de campagne d'Afrique.*

CADRES	HOMMES.	CHEVAUX	OBSERVATIONS.
Officiers.			
Chef d'escadron commandant............	1	2	(1) Le nombre des médecins et vétérinaires affectés aux corps de troupes de l'artillerie est fixé par décision ministérielle d'après une répartition faite sur l'ensemble des officiers de ces services.
Capitaine-major.	1 } 2	1	
Capitaine adjudant-major.	1 }	1	
Lieutenant trésorier.	1 } 2	»	
Lieutenant chargé du matériel...........	1 }	»	(2) Destiné à suppléer dans son service un officier détaché.
Médecins et vétérinaires (pour mémoire) (1)............	»	»	
TOTAL.........................	5	4	(3) Peut être nommé maréchal des logis chef après quatre ans de grade de sous-officier.
Troupe (10).			(4) Peut être nommé maréchal des logis chef après quatre ans de grade de sous-officier et adjudant après six ans passés dans l'emploi de maréchal des logis chef.
Peloton hors rang.			
Adjudant-chef supplémentaire (2)............	1	1	
Adjudant de casernement et d'armement............	1	1	
Maréchaux des logis. { Fourrier (3).	1 }	»	
Secrétaire du chef d'escadron (4)............	1 }	»	
Secrétaire du trésorier (4)............	1 } 6	»	
Garde-magasin et secrétaire de l'officier chargé du matériel (4)............	1 }	»	
Secrétaire de la commission des ordinaires.	1 }	»	
Chargé de l'infirmerie des hommes (4)......	1 }	»	

Brigadiers..	Secrétaire du major (5)	1	o
	Armurier (6)	1	»
	Moniteur d'escrime (5)	1	»
	Trompette (7)	1 } 7	1
	Maître tailleur (8)	1	»
	Maître bottier (8)	1	»
	Maître sellier (8)	1	»
Canonniers.	Ouvrier sellier (9)	1	»
	Ouvrier bottier (9)	1	»
	Ouvrier tailleur (9)	1	»
	Ouvriers armuriers	2 } 9	»
	Secrétaire du chef d'escadron (9)	1	»
	Secrétaire du major (9)	1	»
	Secrétaire du trésorier (9)	1	»
	Secrétaire de l'officier chargé du matériel (9)	1	»
	Total	24	3

(5) Peut être nommé maréchal des logis.

(6) Le brigadier armurier peut être remplacé par un maréchal des logis armurier.

(7) Les brigadiers trompettes rengagés peuvent être nommés maréchaux des logis.

(8) Peut recevoir l'assimilation au grade de sous-officier avec rang de maréchal des logis lorsqu'il a accompli comme brigadier le temps de service exigé par la loi.

(9) Emplois pouvant être dévolus à des hommes du service auxiliaire suivant les ressources du recrutement.

(10) Dans les groupes d'artillerie de campagne d'Afrique, la moitié des brigadiers peuvent être rengagés.

TABLEAU N° 3. — *Nombre et nature des batteries.*

DÉSIGNATION.		NOMBRE	TOTAUX	OBSERVATIONS.
Batteries stationnées en France et en Corse............	A pied.................	63	68	(1) La répartition des batteries entre les diverses catégories, ainsi qu'entre les régiments, peut être modifiée par décret rendu sur la proposition des Ministres de la guerre et des finances.
	Montées de 75...............	618		
	Montées de 155 CTR............	24		
	D'artillerie lourde............	34	(1) 720	
	De montagne...............	14		
	A cheval................	30		
Batteries stationnées hors de France.....	A pied.................	7		(2) La répartition des batteries entre les unités des diverses catégories ainsi qu'entre les groupes autonomes, peut être modifiée par décret rendu sur la proposition des Ministres de la guerre et des finances. En outre, il pourra être procédé dans la même forme à la création de nouvelles batteries (à pied, de montagne, montées) suivant les besoins du service et les crédits alloués.
	Montées de 75...............	17	(2) 32	
	De montagne...............	8		
			820	Enfin, les batteries à pied stationnées hors de France pourront, par décision ministérielle et suivant les besoins du service et de la défense, être affectées en France (Corse comprise).
Nombre des compagnies d'ouvriers et des sections d'ouvriers des différents types (3)...........	Compagnies.............	7	»	(3) Le nombre des unités d'ouvriers de chaque catégorie pourra être modifié suivant les besoins du service par décret rendu sur la proposition des Ministres de la guerre et des finances.
	Section du type A.............	4	»	
	Section du type B.............	3	»	
	Section du type C.............	10	»	
	Section du type D.............	69	»	

TABLEAU N° 4. — *Cadre de l'état-major particulier de l'artillerie.*

CADRES.		HOMMES	TOTAUX	OBSERVATIONS.
1° Officiers.	Colonel.	12	(1) 613	(1) Le nombre des chevaux à attribuer en temps de paix aux officiers de l'état-major particulier est fixé comme il suit : colonels et lieutenants-colonels, 2; chefs d'escadron (nombre fixé par décret), 1 ou 2; capitaines, 1.
	Lieutenants-colonels.	37		
	Chefs d'escadron.	107		
	Capitaines.	457		
	Sous-lieutenants.	»	(2) »	(2) Nombre variable (officiers élèves détachés à l'Ecole militaire de l'artillerie à Fontainebleau).
2° Officiers d'administration.	Principaux.	35	498	
	De 1re classe.	210		
	De 2e classe.	253		
	De 3e classe.			
3° Officiers d'administration contrôleurs d'armes.	Principaux.	10	140	
	De 1re classe.	58		
	De 2e classe.	72		
	De 3e classe.			
4° Ouvriers d'état. . . .	De 1re classe.	125	250	
	De 2e classe.	125		
5° Gardiens de batteries.	Principaux.	50	500	
	De 1re classe.	185		
	De 2e classe.	190		
	De 3e classe.	75		

Instruction sur la marche à suivre pour l'exécution de la loi du 15 avril 1914, relative à la constitution des cadres et effectifs de l'armée, en ce qui concerne l'artillerie.

(Direction de l'Artillerie; Cabinet du Directeur.)

Paris, le 16 avril 1914.

La réorganisation de l'artillerie, prescrite par la loi du 15 avril 1914, recevra son exécution à partir du 1er mai 1914.

Elle aura lieu d'après le programme et conformément aux dispositions ci-après :

Programme d'exécution.

A la date du 1er mai 1914.

Création de 8 batteries à cheval.

Transformation de 6 batteries montées en batteries à cheval.

Création de 3 batteries de 155 court et changement de régiment et de numéro dans leur régiment des batteries de 155 existantes.

Création de 8 batteries montées de 75.

Transformation de 22 batteries d'artillerie à pied en batteries d'artillerie lourde.

Changement de régiment et de numéro dans leur régiment des batteries à pied de côte.

Changement d'effectif des batteries à pied, des batteries montées de 75 et de 155 court, des batteries de montagne et à cheval.

Il n'est apporté, à la date du 1er mai, aucune modification au nombre et à la composition :

Des états-majors et pelotons hors rang des régiments d'artillerie de campagne, de montagne et à pied, des groupes autonomes d'Afrique;

Des compagnies et sections d'ouvriers.

Toutefois, les chefs de corps sont autorisés à nommer, dès cette date, aux grades prévus par les tableaux annexés à la loi, ceux des sous-officiers déjà affectés aux pelotons hors rang qui remplissent les conditions d'ancienneté fixées par ladite loi.

A la date du 1er juillet 1914.

Création de 9 batteries d'artillerie lourde.
Création de 3 batteries de montagne.
Création de 5 sections d'ouvriers type D.
Création de 3 états-majors de régiments d'artillerie lourde (1er, 3e et 5e régiments).
Transformation de 2 états-majors de régiments d'artillerie à pied en états-majors de régiments d'artillerie lourde (2e et 4e régiments).
Transformation de 2 sections d'ouvriers (type A et B) en une compagnie d'ouvriers.

AFRIQUE.

Création de 1 compagnie d'ouvriers au Maroc.
Création de 3 états-majors de groupes d'artillerie d'Afrique.
Transformation de 3 sections d'ouvriers (types A, B, C) en une compagnie d'ouvriers.

A la date du 1er octobre 1914.

Création de 3 batteries d'artillerie lourde.
Changement d'effectif des états-majors et pelotons hors rang des régiments d'artillerie de campagne, de montagne, à pied, des groupes autonomes d'Afrique.

Réorganisation à la date du 1er mai 1914.

La présente instruction fixe les conditions dans lesquelles devront être effectués les changements apportés à l'organisation de l'artillerie à la date du 1er mai 1914.

I. — RÉALISATION DES EFFECTIFS.

a) Création de 8 batteries à cheval.

Chacun des groupes d'artillerie à cheval des 8 premières divisions de cavalerie procédera à la création d'une 3e batterie.
L'affectation et le numérotage de ces 8 batteries sont indiqués par le tableau A annexé à la présente instruction.
La désignation des officiers sera faite par le Ministre.
La nomination des sous-officiers et des brigadiers (y compris le brigadier maréchal de la nouvelle batterie) sera faite par les soins des commandants des groupes à cheval.

Il est fait exception pour l'adjudant-chef adjoint au commandant de groupe, dont la nomination sera faite par les soins du général commandant de corps d'armée.

b) Transformation de 6 batteries montées en batteries à cheval.

6 batteries montées de 75 seront transformées sur place en batteries à cheval. La provenance de ces unités, leur affectation nouvelle et leur numérotage sont indiqués par le tableau A annexé à la présente instruction.

Les sous-officiers et brigadiers nécessaires pour porter les batteries à leur effectif nouveau seront nommés par les soins du commandant de groupe. Il sera fait exception pour l'adjudant-chef adjoint au commandant de groupe, qui sera désigné par les soins de l'administration centrale.

c) Création de 3 batteries de 155 court et changement de régiment et de numéro dans leur régiment des batteries de 155 existantes.

Il sera créé un groupe de 155 court, administré provisoirement par le 6ᵉ régiment d'artillerie, à Valence.

Les unités de ce groupe prendront les numéros de régiment et de batterie qui doivent leur être attribués après réorganisation complète. Cette disposition a pour but, d'une part, de faciliter la constitution des nouveaux régiments à la date du 1ᵉʳ juillet 1914, et, d'autre part, d'éviter à la même date toute modification aux documents relatifs à la mobilisation de l'artillerie.

Dans le même ordre d'idées, les batteries de 155 actuellement existantes changent de régiment et de numéro dans leur régiment à la date du 1ᵉʳ mai 1914. Ces unités continuent à être administrées par le régiment dont elles portaient antérieurement le numéro.

Toutes les batteries de 155 anciennes et nouvelles porteront, à partir de cette date, les écussons des régiments auxquels elles compteront définitivement.

Le tableau B, annexé à la présente instruction, indique la constitution transitoire des régiments d'artillerie de campagne auxquels sont rattachées pour la période du 1ᵉʳ mai au 1ᵉʳ juillet des batteries d'artillerie lourde.

En ce qui concerne le groupe de 155 court à créer, la désignation des officiers sera faite par le Ministre.

Le personnel de gradés et d'hommes de troupe nécessaires à la constitution du groupe sera prélevé sur tous les groupes de même nature actuellement existants.

Les chevaux d'âge nécessaires seront prélevés sur les mêmes groupes.

Les détails relatifs à ces prélèvements feront l'objet de dépêches spéciales.

d) Création de 8 batteries montées de 75.

8 batteries montées seront créées à la date du 1er mai, pour remplacer les 6 batteries montées transformées en batteries à cheval et les 2 batteries du 38e régiment d'artillerie détachées au Maroc.

Ces nouvelles unités prendront les numéros de régiment et de batterie des batteries qu'elles remplacent.

Les 3e et 6e batteries du 38e régiment, détachées au Maroc, prendront respectivement les numéros 13 et 14 du 38e régiment, du 1er mai au 1er juillet, date à laquelle elles entreront dans la composition d'un groupe autonome d'Afrique.

Les commandants des batteries montées de 75 de nouvelle formation seront désignés par le Ministre, les lieutenants seront prélevés sur l'effectif du régiment.

Les sous-officiers, brigadiers, hommes du cadre et canonniers nécessaires à la formation de ces batteries seront réalisés au moyen des ressources des batteries montées de 75 de leur corps d'armée.

Par exception, les gradés et hommes du cadre de l'une des batteries constituées au 38e régiment seront réalisés au moyen des ressources des batteries montées du 16e corps d'armée.

Les généraux commandant les corps d'armée intéressés prendront toutes dispositions pour donner aux batteries nouvelles une composition sensiblement identique à celle des batteries anciennes de même nature.

Ils profiteront de la création des emplois nouveaux pour égaliser dans la mesure du possible les conditions d'avancement dans les régiments d'artillerie sous leurs ordres.

Les chevaux nécessaires aux batteries de 75 de nouvelle formation seront prélevés sur les batteries montées de 75 du même corps d'armée.

Ces prélèvements seront faits de manière à donner, après organisation, à toutes les batteries de 75, une composition moyenne en chevaux identique comme âge et comme qualité tout particulièrement en jeunes chevaux.

e) Transformation de 22 batteries d'artillerie à pied en batteries
d'artillerie lourde.

Ces unités prendront les numéros de régiment et de batterie
qui doivent leur être attribués après réorganisation complète.

Le tableau B, annexé à la présente instruction, indique leur
provenance, leur numérotage, ainsi que le régiment auquel elles
sont rattachées pour la période transitoire du 1ᵉʳ mai au
1ᵉʳ juillet.

Dix de ces unités, rattachées au 4ᵉ régiment d'artillerie à pied,
auront l'effectif prévu au renvoi (A) du tableau n° 2 *ter* annexé
à la loi.

Les 12 autres batteries recevront de l'artillerie de campagne
un complément de gradés et d'hommes, ainsi qu'un certain nombre de chevaux d'âge. Elles conserveront momentanément en
excédent d'effectif les gradés, hommes et chevaux destinés à
former le noyau des batteries de nouvelle création auxquelles
elles donneront naissance par dédoublement.

Les détails relatifs à ces prélèvements feront l'objet de dépêches spéciales.

f) Changement de régiment et de numéro dans leur régiment
des batteries à pied de côte.

A la date du 1ᵉʳ mai, les batteries à pied restant au service
de la défense des côtes prendront les numéros de régiment et de
batterie qui doivent leur être attribués après réorganisation complète. Cette disposition a pour but d'éviter toute modification aux
documents relatifs à la mobilisation.

Toutefois, les batteries appartenant actuellement au 2ᵉ régiment d'artillerie à pied, à Cherbourg, continueront à être administrées par ce régiment jusqu'à la date du 1ᵉʳ juillet.

Le tableau C, annexé à la présente instruction, indique la composition des régiments et groupes autonomes à pied pendant la
période du 1ᵉʳ mai au 1ᵉʳ juillet.

g) Changement d'effectif des batteries à pied, montées de 75
et de 155 court, de montagne et à cheval.

Les chefs de corps sont autorisés à procéder aux nominations
nécessaires pour porter l'effectif en gradés et hommes du cadre
des batteries à l'effectif prévu par les tableaux annexés à la loi
du 15 avril 1914. Dans les mêmes conditions, les généraux commandant les corps d'armée sont autorisés à procéder à la nomi-

nation des adjudants-chefs adjoints aux commandants des groupes détachés.

h) Dispositions particulières.

Il ne sera apporté aucune modification au nombre et à la constitution des états-majors et pelotons hors rang. Toutefois, les chefs de corps sont autorisés à nommer aux grades prévus par les tableaux annexés à la loi ceux des sous-officiers déjà affectés aux pelotons hors rang qui remplissent les conditions d'ancienneté fixées par ladite loi.

Par mesure transitoire, les sous-officiers secrétaires du colonel, du major, du trésorier et les garde-magasin titulaires de ces emplois à la date du 10 avril 1914 pourront être promus adjudants lorsqu'ils auront dix ans de grade, quel que soit le temps passé par eux dans l'emploi de maréchal des logis chef.

Mais il reste entendu que les sous-officiers désignés pour tenir un de ces emplois après le 10 avril 1914 devront être obligatoirement des maréchaux des logis, qui pourront être nommés maréchaux des logis chefs lorsqu'ils auront quatre ans de grade de sous-officier, mais ne pourront être nommés adjudants qu'après six ans passés dans l'emploi de maréchal des logis chef.

En outre, les chefs de corps devront s'attacher, d'une façon toute particulière, à ne pas faire parvenir les sous-officiers comptables ci-dessus aux emplois de maréchal des logis chef et d'adjudant avec un nombre d'années de service inférieur à celui des sous-officiers de batterie du même corps.

Cette prescription concerne aussi bien les sous-officiers comptables qui bénéficient des mesures transitoires, que ceux qui leur succéderont.

Par exception, il pourra être pourvu, à partir du 1er mai, à la nomination, par les soins du Ministre et au fur et à mesure des ressources, aux vacances d'emploi de maîtres d'escrime et, par les soins des chefs de corps, à celles de brigadiers moniteurs d'escrime.

Ceux des anciens maîtres d'escrime et brigadiers moniteurs d'escrime qui comptent actuellement dans le cadre des corps de troupe de l'artillerie, seront immédiatement mis en possession de leur nouvel emploi et remplacés, par suite, dans les unités auxquelles ils comptaient.

II. — Mesures administratives.

Toutes les questions administratives soulevées à l'occasion des mesures prévues par la présente instruction, seront réglées conformément aux prescriptions insérées dans les instructions du 21 juin 1910 (*B. O.*, p. s., p. 852), du 8 septembre 1910 (*B. O.*, p. s., p. 1070) et du 29 décembre 1910 (*B. O.*, p. s., p. 1329) concernant l'application de la loi du 24 juillet 1909.

Les dispositions de ces instructions qui concernent la masse des écoles sont applicables à la masse des dépenses diverses, qui a remplacé la précédente.

En ce qui concerne le harnachement, il y aura lieu toutefois d'apporter aux instructions précitées les modifications ci-après :

Les chevaux que les batteries recevront devront être pourvus par les corps d'origine des effets de harnachement dont le détail suit :

Par cheval de selle, un harnachement complet de selle avec couverture, musette-mangeoire et surfaix de couverture de la collection de guerre;

Pour deux chevaux de trait, un harnachement complet d'attelage à la Daumont (dans la proportion de un tiers de devant et de deux tiers de derrière pour l'ensemble des chevaux à livrer par un même corps de troupe) avec deux couvertures, musettes-mangeoires et surfaix de couverture de la collection de guerre.

En outre, il sera également emporté par chaque cheval un bridon d'abreuvoir et un licol d'écurie, ainsi qu'une couverture, une musette-mangeoire et un surfaix de couverture de la majoration; ces derniers effets devront être en bon état.

La valeur des bridons d'abreuvoir et des licols d'écurie sera remboursée aux corps livranciers par un établissement de l'artillerie désigné par le général commandant le corps d'armée.

Les effets de harnachement nécessaires aux corps livranciers pour remplacer ceux prélevés à la collection de guerre, ainsi que ceux destinés à doter d'une collection de guerre les chevaux à provenir de la remonte seront prélevés sur les lots de réserve des corps à qui appartiennent ces unités.

La constitution des harnachements de majoration des corps et des unités de nouvelle formation fera l'objet d'ordres spéciaux, qui seront adressés sous le timbre de la 3e Direction, 2e Bureau.

Mesures préparatoires. — Comptes rendus.

Les généraux gouverneurs militaires de Paris et de Lyon et les généraux commandant les corps d'armée intéressés feront procéder, dès maintenant, à toutes les opérations reconnues utiles en vue d'assurer, à la date du 1er mai 1914, la réorganisation prévue par la présente instruction. Ils adresseront pour le 10 mai prochain (3e Direction; Cabinet du Directeur) un compte rendu d'exécution accompagné de toutes observations qu'ils jugeront utiles.

Mesures préparatoires à prendre en vue de la création de trois états-majors de régiments d'artillerie lourde à la date du 1er juillet et de la transformation à la même date de deux états-majors d'artillerie à pied.

La désignation des officiers entrant dans la composition des états-majors des régiments d'artillerie lourde sera faite par le Ministre.

Ces officiers devront être rendus à leur poste, savoir :

Les officiers supérieurs désignés pour commander les régiments, les chefs d'escadron-majors, les capitaines chargés de la mobilisation et les capitaines directeurs du parc pour le 1er mai 1914;

Les capitaines instructeurs d'équitation, les capitaines trésoriers et les capitaines d'habillement pour le 1er juin.

Ces officiers seront administrés à partir des dates précitées jusqu'au 1er juillet 1914, savoir :

Ceux du 1er régiment d'artillerie lourde par le 17e régiment de campagne;

Ceux du 2e régiment d'artillerie lourde, par le 13e régiment de campagne;

Ceux du 3e régiment d'artillerie lourde, par le 32e régiment de campagne;

Ceux du 4e régiment d'artillerie lourde, par le 4e régiment à pied;

Ceux du 5e régiment d'artillerie lourde, par le 6e régiment de campagne;

Les autres officiers de l'état-major des nouveaux régiments devront être présents à la date du 1er juillet.

Rôle des nouveaux chefs de corps.

Pendant la période transitoire du 1ᵉʳ mai au 1ᵉʳ juillet, les officiers désignés pour commander les nouveaux régiments prépareront la mobilisation de ces corps de concert avec les régiments auxquels sont rattachées les batteries.

Ils prendront ou provoqueront, en outre, toutes mesures utiles pour assurer l'installation à la date fixée de l'état-major ou du peloton hors rang de leur régiment.

Ces officiers supérieurs auront, pendant toute cette période, sur toutes les batteries destinées à entrer dans la composition des futurs régiments, les attributions d'un chef de corps, au point de vue du commandement, de la discipline et de l'instruction.

Les batteries qui doivent faire mutation relèveront directement, au point de vue administratif, jusqu'au 1ᵉʳ juillet 1914, du conseil d'administration de leur régiment de rattachement.

J. Noulens.

Tableau A. — *Répartition entre les régiments d'artillerie de campagne à la date du 1er mai 1914 des batteries à cheval de nouvelle formation.*

BRIGADE D'ARTILLERIE.	RÉGIMENT.	NUMÉROTAGE des BATTERIES A CHEVAL de nouvelle formation.	PROVENANCE des BATTERIES.		
2e	42e	12e — Artillerie de la 3e div. cavalerie.	Création.		
5e	13e	12e — Artillerie de la 1re div. cavalerie.	Création.		
	30e	12e — Artillerie de la 7e div. cavalerie.	Création.		
6e	40e	12e — Artillerie de la 4e div. cavalerie.	Création.		
	61e	12e — Artillerie de la 5e div. cavalerie.	Création.		
7e	4e	12e — Artillerie de la 8e div. cavalerie.	Création.		
9e	33e	10e, 11e, 12e — Artillerie de la 9e div. cavalerie.	9e / 49e	7e / 28e	2e / 26e
14e	54e	12e — Artillerie de la 6e div. cavalerie.	Création.		
18e	14e	10e, 11e, 12e — Artillerie de la 10e div. cavalerie	10e / 37e	1er / 36e	5e / 52e
20e	8e	12e — Artillerie de la 2e div. cavalerie.	Création.		

Tableau B *indiquant la composition transitoire des régiments d'artillerie auxquels sont rattachées des batteries lourdes pour la période du 1er mai au 1er juillet 1914.*

CORPS D'ARMÉE.	RÉGIMENTS.	ORGANISATION AU 1er MAI 1914		PROVENANCE des BATTERIES LOURDES.
		BATTERIES DE 75.	BATTERIES LOURDES.	
1er	15e	1, 2, 3, 4.5, 6, 7, 8.9 / 15e	1, 2, 3 (de 155 CTR) / 1er rég. artillerie lourde.	10, 11, 12 / 15e
2e	17e	1, 2, 3, 4, 5, 6, 7, 8, 9 / 17e	4, 5, 6 (155 CTR) 7, 8, 9 / 1er rég. artillerie lourde.	10, 11, 12 / 17e rég. 7, 8 / 1er à pied 9 / 2e à pied.
4e	31e	1, 2, 3, 4, 5.6, 7, 8, 9 / 31e	1, 2. 3 (155 CTR) / 2e rég. artillerie lourde.	10, 11, 12 / 31e
5e	13e	1, 2.3, 4, 5, 6, 7, 8, 9 / 13e	7. 8, 9 / 2e rég. artillerie lourde.	2e, 8e. 5e / 2e rég. à pied.
5e	32e	1, 2, 3, 4, 5.6, 7, 8, 9 / 32e	1, 2, 3 (155 CTR) 7, 8, 9 / 3e rég. artillerie lourde.	10, 11, 12 / 32e 1, 4, 5 / 3e à pied.
9e	20e	1, 2, 3, 4, 5, 6, 7, 8, 9 / 20e	4, 5, 6 (155 CTR) / 3e rég. artillerie lourde.	10, 11, 12 / 20e rég.
14e	2e	1, 2, 3, 4, 5, 6.7, 8, 9 / 2e	1, 2, 3 (155 CTR) / 5e rég. artillerie lourde	10, 11, 12 / 2e rég.
14e	6e	1, 2.3, 4, 5, 6, 7, 8.9 / 6e	4, 5, 6 (155 CTR) 7, 8, 9 / 5e rég. artillerie lourde.	Création 7e, 8e / 10e 4e / 6e gr. à p. d'Afr
21e	12e	1, 2, 3, 4, 5, 6.7, 8, 9 / 12e	4, 5. 6 (155 CTR) / 2e rég. artillerie lourde.	10, 11, 12 / 12e rég.
G M P	4e à pied.	»	1 à 9 / 4e artill. lourde. 10 / 4e artill. lourde.	1 à 9 / 4e à pied. 5e / 10e a pied.

Tableau C *indiquant la composition transitoire des régiments d'artillerie à pied de côte pour la période du 1er mai au 1er juillet 1914.*

RÉGIMENTS D'ARTILLERIE à pied.	NUMÉROS DES BATTERIES.		PROVENANCE des BATTERIES.	
1er régiment....	$\dfrac{1,\,2}{\text{1er rég. Maubeuge.}}$ $\dfrac{3}{\text{1er rég. DUNKERQUE. BOULOGNE.}}$		$\dfrac{1,\,2}{\text{1er rég. MAUBEUGE.}}$ $\dfrac{6}{\text{1er rég. DUNKERQUE.}}$	
	$\dfrac{4}{\text{1er rég. DUNKERQUE.}}$ $\dfrac{5}{\text{1er rég. CALAIS.}}$		$\dfrac{4}{\text{1er rég. DUNKERQUE.}}$ $\dfrac{5}{\text{1er rég. CALAIS.}}$	
2e régiment (1)..	$\dfrac{4,\,5.\,6,\,7,\,8}{3^e}$		$\dfrac{4,\,1.\,6,\,7,\,3}{2^e}$	
3e régiment (2)..	$\dfrac{1,\,2.\,3}{3^e}$		$\dfrac{6,\,2.\,3}{3^e}$	
10e régiment.....	$\dfrac{1,\,2,\,3,\,4}{10^e}$		$\dfrac{1,\,2.\,3.\,4}{10^e}$	
6e groupe à pied d'Afrique.....	$\dfrac{1,\,2,\,3}{\text{6e groupe à pied d'Afrique}}$		$\dfrac{1,\,2,\,3}{\text{6e groupe à pied d'Afr.}}$	

OBSERVATIONS. — (1) La fraction d'état-major et du P. H. R. du Havre cessera de fonctionner à ce titre à la date du 1er mai. Le personnel qui ne sera pas affecté au parc de place du Havre sera destiné au 2e régiment lourd.

(2) La fraction d'état-major et du P. H. R. de La Rochelle cessera de fonctionner à ce titre, à la date du 1er mai. Le personnel qui ne sera pas affecté au parc de place de La Rochelle sera destiné au 2e régiment lourd.

Instruction sur l'application à la date du 1er juillet et à la date du 1er octobre 1914, de la loi du 15 avril 1914, relative à la constitution des cadres et effectifs de l'armée, en ce qui concerne l'artillerie.

Paris, le 8 juin 1914.

La réorganisation de l'artillerie, prescrite par la loi du 15 avril 1914, sera poursuivie à la date du 1er juillet et achevée à la date du 1er octobre, d'après le programme général fixé par l'instruction du 16 avril 1914.

I. — Réorganisation a la date du 1er juillet 1914.

a) Création de 9 batteries d'artillerie lourde.

Il sera créé dans chacun des 1er, 3e et 5e régiments d'artillerie lourde trois batteries, par dédoublement des batteries 7, 8 et 9 de ces régiments. Les nouvelles batteries prendront les numéros 10, 11 et 12.

Les commandants des batteries de nouvelle formation seront désignés par les soins de l'administration centrale; les lieutenants seront prélevés par les commandants de corps d'armée intéressés parmi ceux du même régiment présents dans la garnison.

Chacune des batteries nouvelles devra avoir même composition que la batterie mère dédoublée, en gradés, hommes du cadre, canonniers du service armé et du service auxiliaire. Les chefs de corps procèderont ensuite aux nominations nécessaires pour aligner ces batteries à leur effectif en cadres.

Les chevaux des batteries mères seront répartis également comme nombre, âge et qualité entre les deux unités. Les batteries seront complétées à leur effectif par envoi de chevaux provenant du service des remontes.

b) Création de 3 batteries de montagne.

Ces unités prendront les numéros de régiment et de batterie ci-après :

2e batterie du 1er régiment de montagne, à Grenoble;

2e batterie du 2e régiment de montagne, à Nice;

6e batterie du 2e régiment de montagne, en Corse, en remplacement des unités de même numéro détachées au Maroc, qui entreront, à la même date, dans la constitution des groupes autonomes de campagne d'Afrique.

Les commandants des nouvelles batteries de montagne seront désignés par les soins de l'administration centrale; les lieutenants seront prélevés par les soins des commandants de corps d'armée intéressés sur ceux du même régiment présents dans la garnison.

Les gradés et hommes de troupe nécessaires à la constitution de ces batteries seront réalisés au moyen des ressources des régiments d'artillerie de montagne.

Les chevaux et mulets des nouvelles unités seront également prélevés sur ces régiments.

Les ordres de détail relatifs à ces prélèvements feront l'objet de dépêches spéciales.

c) Création de trois états-majors de régiment d'artillerie lourde (1er, 3e et 5e régiments).

La désignation des officiers entrant dans la constitution des états-majors de ces régiments est réservée au Ministre.

Peloton hors rang. — L'adjudant premier maître maréchal ferrant, l'adjudant maître armurier, le maître d'escrime, le maréchal des logis chef mécanicien, les brigadiers maître tailleur, maître sellier et maître bottier seront désignés par le Ministre.

Les nominations et affectations des gradés et hommes de troupe du peloton hors rang, qui ne font pas l'objet d'instructions spéciales, seront réglées par les corps d'armée sur la proposition des chefs de corps intéressés. Ces nominations et affectations pourront êtres effectuées dans le courant du mois de juin.

Le secrétaire du chef de corps pourra, par mesure transitoire, être choisi parmi les maréchaux des logis chefs ou les adjudants.

d) Transformation de deux états-majors de régiments d'artillerie à pied en états-majors de régiments d'artillerie lourde (2e et 4e régiments).

L'état-major et le peloton hors rang du 4e régiment d'artillerie à pied passeront au 4e régiment d'artillerie lourde. La fraction du peloton hors rang du 4e régiment à pied stationnée à Lorient rentrera à la portion principale du régiment.

La désignation des officiers entrant dans la constitution de l'état-major du 2e régiment d'artillerie lourde sera faite par l'administration centrale.

Le peloton hors rang du 2e régiment d'artillerie lourde sera constitué, en partie, par prélèvement sur les pelotons hors rang des 2e et 3e régiments d'artillerie à pied. Le détail de ces prélèvements fera l'objet de dépêches spéciales.

Les nominations et affectations des gradés et hommes de troupe du peloton hors rang des 2e et 4e régiments qui ne font pas l'objet d'instructions spéciales seront réglées par le gouverneur militaire de Paris, sur la proposition des chefs de corps intéressés. Ces nominations et affectations pourront être prononcées dans le courant du mois de juin.

Le secrétaire du chef de corps pourra, par mesure transitoire, être choisi parmi les maréchaux des logis chefs ou les adjudants.

À partir du 1er juillet 1914, le 2e régiment d'artillerie à pied cessera d'exister. Le 3e régiment d'artillerie à pied aura, à partir de la même date, sa portion principale à Cherbourg, avec fraction de l'état-major et du peloton hors rang à Brest.

e) Création de cinq sections d'ouvriers type D.

A chacun des cinq régiments d'artillerie lourde sera rattachée une section d'ouvriers d'artillerie type D.

La composition de ces cinq sections figurera au tableau C annexé à l'instruction du 25 juin 1910, qui sera prochainement modifié.

f) Transformation de deux sections d'ouvriers (types A et B) en une compagnie d'ouvriers.

La section d'ouvriers type A rattachée au 12e régiment d'artillerie et la section type B rattachée au 13e régiment d'artillerie seront transformées en une compagnie d'ouvriers rattachée au 13e régiment.

Les nominations d'officiers et de sous-officiers nécessaires à cette transformation seront faites par le Ministre.

AFRIQUE.

g) Création de trois états-majors de groupes d'artillerie de campagne d'Afrique.

Il sera créé trois états-majors de groupes d'artillerie de campagne d'Afrique. Ces groupes porteront les numéros 8, 9 et 10.

Le tableau annexé à la présente instruction indique leur composition ainsi que le numérotage et la provenance des batteries entrant dans leur constitution.

La désignation des officiers affectés à ces états-majors sera faite par le Ministre.

Les gradés armuriers chargés de l'armement de ces groupes seront désignés par l'administration centrale ainsi que les maîtres ouvriers.

L'effectif des sous-officiers, brigadiers et hommes de troupe des pelotons hors rang sera réalisé par les soins du commissaire résident général commandant en chef au Maroc, au moyen des ressources de l'artillerie métropolitaine du Maroc. Ces nominations et affectations pourront être effectuées dans le courant du mois de juin.

Des instructions ultérieures régleront l'organisation d'une 3ᵉ section dans les batteries de montagne détachées au Maroc.

h) Création d'une compagnie d'ouvriers d'artillerie au Maroc.

Une compagnie d'ouvriers sera créée au Maroc pour le service du parc d'artillerie de Casablanca.

Cette compagnie sera rattachée au 4ᵉ groupe autonome de campagne d'Afrique.

La désignation du personnel officiers et sous-officiers entrant dans sa composition sera faite par le Ministre. Le personnel brigadiers et hommes de troupe sera celui actuellement détaché pour le service du parc de Casablanca.

Il sera procédé, le cas échéant, par les autorités du Maroc aux nominations de brigadiers et maîtres ouvriers nécessaires pour compléter l'effectif de la compagnie aux fixations légales.

i) Transformation de trois sections d'ouvriers (types A, B, C) en une compagnie d'ouvriers.

Les sections d'ouvriers du type A, B, C, rattachées au 6ᵉ groupe à pied d'Afrique, seront transformées en une compagnie d'ouvriers rattachée au même groupe et stationnée à Alger, avec détachements à Oran, Constantine et Oudjda.

Les nominations et affectations d'officiers et de sous-officiers nécessaires à cette transformation seront faites par le Ministre.

j) **Dispositions particulières.**

Les généraux commandants de corps d'armée sont autorisés à procéder par anticipation à la nomination dès le 1ᵉʳ juillet :

1° D'un adjudant-chef supplémentaire au peloton hors rang par régiment d'artillerie de campagne à neuf batteries, par régiment d'artillerie de montagne et par groupe autonome d'Afrique;

2° De deux adjudants-chefs supplémentaires au peloton hors rang par régiment d'artillerie de campagne à douze batteries.

Le Ministre procédera, à la même date, à la nomination d'un adjudant-chef supplémentaire par régiment ou fraction de régiment d'artillerie à pied et par groupe à pied d'Afrique (deux pour chacun des 5ᵉ et 6ᵉ régiments d'artillerie à pied).

II. — RÉORGANISATION A LA DATE DU 1ᵉʳ OCTOBRE 1914.

k) **Création de 3 batteries d'artillerie lourde.**

Il sera procédé, au 2ᵉ régiment d'artillerie lourde, à la création de trois batteries par dédoublement des batteries 7, 8 et 9 du régiment. Ces nouvelles batteries prendront les numéros 10, 11 et 12.

Ces batteries seront formées dans les mêmes conditions qu'il est indiqué plus haut pour les batteries de même nature créées à la date du 1ᵉʳ juillet.

l) **Changement d'effectif des états-majors et P. H. R. des régiments d'artillerie de campagne, d'artillerie de montagne, d'artillerie à pied et des groupes autonomes d'Afrique.**

Les maîtres d'escrime seront nommés par le Ministre. Il en sera de même pour les maréchaux des logis chefs artificiers des régiments d'artillerie à pied et des groupes à pied d'Afrique.

Les nominations et affectations qui ne font pas l'objet d'instructions spéciales seront réglées par les commandants de corps d'armée, sur la proposition des chefs de corps intéressés.

Le secrétaire du chef de corps pourra, par mesure transitoire, être choisi parmi les maréchaux des logis chefs ou les adjudants.

Le Ministre, pour les corps de troupe d'artillerie à pied, les généraux commandants de corps d'armée pour les autres corps de troupe d'artillerie, procèderont aux nominations des adjudants-chefs supplémentaires nécessaires pour porter la dotation des corps à celle prévue par la loi.

A défaut de candidats remplissant les conditions fixées pour être promus adjudants-chefs, les postes auxquels il ne pourrait être affecté de titulaire pourront être momentanément tenus par des adjudants comptant en surnombre au peloton hors rang. Mais il doit rester entendu que ces adjudants continueront à concourir pour le grade d'adjudant-chef sans que leur affectation momentanée au peloton hors rang leur donne des titres spéciaux à leur nomination à ce grade.

III. — Mesures administratives.

Les questions administratives soulevées à l'occasion des mesures prévues par la présente instruction seront réglées conformément aux prescriptions de l'instruction du 17 avril 1914 pour l'application de la loi à la date du 1er mai 1914.

IV. — Comptes rendus.

Les généraux gouverneurs militaires de Paris et de Lyon, les généraux commandant les corps d'armée intéressés et le commissaire résident général commandant en chef au Maroc, adresseront le 10 juillet et le 10 octobre (3e Division; Cabinet du Directeur) un compte rendu d'exécution accompagné de toutes les observations qu'ils jugeront utiles.

Le Ministre de la guerre,

J. Noulens.

Tableau indiquant la composition, au 1er juillet 1914, des groupes autonomes d'Afrique.

DÉSIGNATION.	NUMÉROS DES GROUPES.	NUMÉROS DES BATTERIES.	PROVENANCE DES BATTERIES.	EMPLACEMENT de la PORTION CENTRALE.
Algérie..............	1er groupe de campagne.	1re, 2e.	3e, 2e. 1er groupe de campagne.	Alger.
Algérie	2e groupe de campagne.	1re, 2e.	3e, 2e. 2e groupe de campagne.	Oran.
Algérie..............	3e groupe de campagne.	1re, 2e, 3e de montagne.	3e, 2e, 4e de montagne. 3e groupe de campagne.	Constantine.
Maroc.................	4e groupe de campagne.	1re, 2e. 3e de montagne. Compagnie d'ouvriers.	3e, 2e. 4e groupe de campagne. 8e. 1er régiment de montagne. Création.	Casablanca.
Tunisie	5e groupe de campagne.	1re, 2e, 3e.	1re, 2e, 3e. 5e groupe de campagne.	La Manouba.

Origine	Groupe	Batteries	Nouvelle formation		Garnison
Algérie...............	6e groupe à pied.......	1re, 2e, 3e.	1er, 2e, 3e. 6e groupe à pied.		Alger.
		Compagnie d'ouvriers.	Création.		
Tunisie...............	7e groupe à pied.......	1re, 2e, 3e, 4e.	1re, 2e, 3e, 4e. 7e groupe à pied.		Bizerte.
Maroc................	8e groupe de campagne.	1re, 2e.	1re. 1er gr. de camp.	1re. 2e gr. de camp.	Oudjda.
		3e et 4e de montagne.	5e et 4e de montagne. 2e groupe de campagne.		
Maroc................	9e groupe de campagne.	1re, 2e.	13e, 14e. 38e rég. d'artillerie.		Meknès.
		3e et 4e de montagne.	6e, 2e. 2e rég. d'artillerie de montagne.		
Maroc	10e groupe de campagne.	1re, 2e.	1re. 3e gr. de camp.	1re. 4e gr. de camp.	Fez.
		3e et 4e de montagne.	2e 1er rég. de mont.	4e de mont. 1er gr. de camp.	

Paris et Limoges. — Imprimerie militaire Henri CHARLES-LAVAUZELLE.

Librairie militaire Henri CHARLES-LAVAUZELLE

PARIS ET LIMOGES

Général H. CREMER. — **A B C Tactique** (3e édition). — 72 pages... 1 50

Général ROHNE. — **Nouvelle tactique d'artillerie** (traduit de l'allemand). In-8° de 38 pages... 1 »

Général PÉDOYA. — **L'armée n'est pas commandée.** — Brochure in-8° de 40 pages.. 0 75

Général PÉDOYA. — **Recrutement et avancement des officiers** (armée active et réserve). — Volume in-8° de 216 pages................. 3 »

Général PÉDOYA, commandant le 16e corps d'armée. — **Recueil de principes tactiques** (service de marche, combats offensifs et défensifs, poursuites et retraites, service des avant-postes). — Volume in-8° de 280 pages, broché.. 4 »

Général DE BEAUCHESNE. — **Stratégie et tactique cavalières.** — Volume in-8° de 102 pages.. 3 »

Général TROCHU. — **L'armée française en 1867.** — Volume in-8° de 128 pages.. 2 »

Brigadier général R. C. B. HAKING. — **Une conférence anglaise sur la liaison des armes.** Traduction de M. le colonel d'artillerie P.-G. DUBOIS. In-8° de 60 pages.. 1 25

Général HARDY DE PÉRINI. — **Afrique et Crimée (1850-1856).** — Historique du **11e léger (86e de ligne)**, avec préface d'A. Mézières, de l'Académie française. — Volume in-8° de 210 pages, orné d'un portrait du général et de 5 croquis hors texte............................... 5 »

Général LANGLOIS, membre du Conseil supérieur de la guerre. — **Conséquences tactiques des progrès de l'armement. Etude sur le terrain.** — Volume in-8° de 90 pages, avec 8 croquis coloriés hors texte et une carte mesurant 0m,76 $\times$ 0m,58.. 3 50

Général H. LANGLOIS, sénateur, membre de l'Académie française. — **Enseignements de deux guerres récentes : guerres turco-russe et anglo-boer.** — Volume grand in-8° de 240 pages, avec 4 cartes hors texte.. 5 »

Général LANGLOIS, sénateur, membre de l'Académie française. — **Dix jours à l'armée suisse.** — Volume in-18 de 124 pages, avec un croquis hors texte.. 2 »

Général DAUDIGNAC. — **Les réalités du combat : Défaillances, Héroïsme, Paniques.** Conférences pour les officiers. — Volume in-8° de 156 pages.. 3 »

Général PIERRON. — **La Stratégie et la Tactique allemande au début du vingtième siècle** (3e édition). — Volume in-8° de 580 pages, avec 34 croquis dans le texte.. 7 50

Général VON BLUME. — **Dans quelle mesure les conditions du succès à la guerre se sont-elles modifiées depuis 1871 ?** Traduit de l'allemand, avec l'autorisation de l'auteur, par le chef de bataillon PAINVIN, de la section technique de l'infanterie. In-8° de 104 pages................. 2 »

Général FAURIE. — **De l'influence du terrain sur les opérations militaires.** — Brochure in-8° de 28 pages.................................... 1 »

Colonel CARDINAL DE WIDDERN. — **Journées critiques.** — Crise de Vionville. Actes d'initiative des commandants de corps d'armée, des états-majors et d'autres chefs en sous-ordre, dans les journées des 15 et 16 août 1870, traduit de l'allemand par le commandant RICHERT. — Volume in-8° de 244 pages, avec 2 croquis dans le texte et une carte hors texte (70 $\times$ 66) des environs de Metz.................................. 4 »